SHUFUNOTOMOSHA

新装版

かわいい
チョコレートのお菓子

若山曜子

はじめに

パリの製菓学校に留学していたころ。12月に入ると課題はチョコレートの連続で、
毎日でき上がるたくさんのチョコレートを私は持て余していました。
自分だけじゃとても食べきれない……。
まだパリ生活の日も浅く、さほど知り合いもいなかった私は、
階下に住む無愛想な大家さんにあげることにしました。
ドアをノックして、出てきた彼女はいつもどおりの無表情。
でも「私が作ったショコラなんですけど……」と言って箱を差し出したとたん、
「まぁ！」と目をキラキラさせてとびきりの笑顔になったのです！
チョコレートが持つ魅力の偉大さを知った瞬間でした。

チョコレートには魔法があると思います。
それは人を笑顔にして、元気にする魔法。

フランス語にまみれた学校での1週間が終わり、ようやく迎える週末。
私は、別の学校に通う日本人の友人と、お茶をするのを楽しみにしていました。
落ち込んだり疲れたりしているときに頼むのは、いつもショコラショー。
熱々のショコラをすすりながら、互いの愚痴や悩みを日本語で存分に語り合い、
とろりと濃く、甘い一杯を飲み終えるころには、二人ともすっかり笑顔に。
あのとき私もまた、1週間をがんばるためのパワーをチョコレートからもらっていたように思います。

口に入れた瞬間から、体温でなめらかにとけていくチョコレート。
単独では温度管理が難しい食材ですが、お菓子の多くは
生クリームやバターとまぜ合わせて作るので、コツさえわかればそれほど気を使う必要はありません。
ふくらみが弱くても、焼きが甘くても大丈夫。
チョコレートがおいしければ、たいていおいしく仕上がりますから、
初心者向きだと私は思っています。
この本では、温度調整なしでチョコレートの魅力にひたれる、私の好きなお菓子を集めました。
バレンタインでなくても、人に差し上げる予定がなくても。
自分のためにチョコレートのお菓子を作るのもいいものです。
刻み、とかし、甘やかな香りに酔いしれ、なめらかな輝きに魅せられる。
食べる人だけでなく、作る人の心もうっとりととかしてしまうチョコレート。

チョコレートのお菓子作りは、それ自体が魔法の儀式なのかもしれません。

若山曜子

Contents

02　はじめに

06　チョコレートの種類
　　チョコレートのお菓子の保存や日もちについて

Chapter 1
アレンジできる定番のお菓子

08　ガトーショコラ

12　*Arrange recipe 1*　キャラメルりんごのガトーショコラ

14　*Arrange recipe 2*　フライパン・ガトーショコラ

16　大きなチョコレートサブレ

18　*Arrange recipe 1*　バナナクリームタルト

　　Arrange recipe 2　ホワイトチョコレートのタルト

Chapter 2
贈りたくなる小さなお菓子

22　チョコレートクッキーサンド

26　アールグレイのトリュフ

28　ゆずの生チョコ

30　チョコチャンククッキー

32　ダブルチョコビスコッティ

34　チョコレートグラノーラ

36　グラノーラバー

38　ウーピーパイ

40　チョコスプレッド3種

Chapter 3
本格的な焼き菓子

46　デビルズフードケーキ

50　くるみのブラウニー

52　ブラック＆ホワイトブラウニー

54　抹茶とチョコのケーク

56　チョコレートのマドレーヌ

58　チョコレートのフィナンシェ

60　チョコレートカップケーキ

62　ショコラフランボワーズ

66　*Arrange recipe*　ショコラバナーヌ

Chapter 4
おうちで楽しむデザート

70　ボネ
74　チョコレートとバナナのメープルレアチーズ
76　ホワイトチョコのパンナコッタ
78　クレームブリュレ・オ・ショコラ
80　フォンダンショコラ
82　ミントチョコのムース

Chapter 5
身近な材料で作る簡単お菓子

84　ラムボール
86　チョコラスク
88　チョコレートパイ
90　マシュマロチョコ
92　オペラ

Column

20　チョコレートに合う自家製コンポート
44　チョコレートのお菓子に役立つラッピングアイディア
68　チョコレートに合う食材
69　手作りチョコに使える市販のお菓子 & デコアイテム

94　お菓子作りの基本材料
95　この本で使用した基本の道具

【 この本の使い方 】
・この本で使用したチョコレートは p.6〜7 にくわしく書いてあります。
　使用するチョコレートによって、とけ方、固まり方が変わってくるので、レシピを目安に様子を見ながら作ってください。
・計量スプーンは大さじ 1 が 15mℓ、小さじ 1 が 5mℓ です。
・特に明記のない場合、バターは食塩不使用のもの、卵は M 玉、ココアパウダーは無糖のもの、
　生クリームは乳脂肪分 35％ のものを使っています。
・ナッツ類は生のものをから焼きして使っています。市販の素焼きのものを使ってもかまいません。
・電子レンジは 600W の場合の目安です。500W の場合は加熱時間を 1.2 倍にしてください。
・オーブンでの焼き時間はガスオーブン使用時の目安です。
　機種によって少しずつ変わりますので、様子を見ながら焼きましょう。
　電気オーブンの場合、予熱時に 10 度ほど高く設定し、少し長めに焼いてください。

Chocolate
チョコレートの種類

一口にチョコレートといっても、その種類はさまざま。
この本では特に記載がない場合は、
製菓用チョコレートを使っています。

クーベルチュール
チョコレート

一般的なチョコレートのお菓子作りの基本となる、製菓用チョコレート。この本では、特に記載がない場合はクーベルチュールチョコレートを使っています。クーベルチュールは、製菓用の中でも厳しい規格(カカオ分が35%以上でカカオバターを31%以上含み、カカオバター以外の油脂は5%まで)を満たしたものをいいます。カカオバター以外の油脂などが多めに添加されている市販のチョコレートとくらべると、カカオの風味がはっきりと感じられ、チョコレート菓子に使えばいっそうおいしく感じられるはずです。クーベルチュールの中でもカカオ分や糖分などの違いによって分類があります。カカオ分が50%前後のものを「スイートチョコレート」、それ以上になると「ビター」「ダーク」などと呼んでいます。カカオ分が31%以上で乳成分を加えたクリーミーな味わいのものが「ミルクチョコレート」です。白い「ホワイトチョコレート」はカカオバターに砂糖や乳成分を加えていて、カカオマスを含みません。また、最近はタブレット状のものも多く、とけやすいのでおすすめです。

板チョコレート

手軽に購入できて、とかしやすいのが魅力の板チョコレート。チョコレートの主成分であるカカオマス、カカオバターに乳成分や砂糖などを多くまぜ込み、そのまま食べてもおいしいように作ってあります。お菓子作りに使うときは、加える砂糖や乳製品を控えめにしたり、コーヒーの苦みをプラスしたりして味の調整を。スイート、ビター、ミルク、ホワイトなど、お好みの種類で作ってかまいません。ただしクーベルチュールチョコレートにくらべて固まりにくいという面もあるので、冷やし固めるお菓子の場合は特にレシピに忠実に作ってください。できればカカオ分含有率が高い板チョコレートが、しっかり味が出ておすすめです。もちろん、あればクーベルチュールチョコレートを使ったほうがリッチな味わいになります。

コーティング
チョコレート

コーティング専用のチョコレート。チョコレートをとかして固めるのに、通常はテンパリングと呼ばれる温度調整をしないと、仕上がりが白濁したり、ベタついたりしますが、コーティングチョコレートならその作業が必要ありません。コーティングチョコレートにもホワイトやミルクなどの種類があります。

［チョコレートのお菓子の保存や日もちについて］
・チョコレートは15〜20度で食べるのが香りもよくておいしいです。気温の高い季節以外は室温で保存します。
　冷蔵室で保存した場合は、食べるときに室温にもどしておきましょう。特に冷蔵室で保存してほしいものは、その旨を記載しています。
・日もちがするお菓子には目安になる保存期間などを入れました。特に記載がないものは、その日中に食べるのがおすすめです。

Chapter 1

アレンジできる
定番のお菓子

ガトーショコラやタルトの生地は一度覚えておけば、
アレンジいろいろ。季節の果物を合わせたり、
クリームで飾ってよそいきの雰囲気にしたり。
そのままシンプルに食べてもおいしいお菓子たちです。

ガトーショコラ

フランス定番のチョコ菓子・ガトーショコラ。
数えきれないほど作ってきましたが、チョコレートと卵を
たっぷり使ったこのレシピは、コクがあり軽やかでお気に入りです。
卵を2個にして作ることもでき、そうするともう少しどっしりした感じに。
仕上げに茶こしで粉糖を振るときれいです。

■ 保存：冷蔵室で約1週間。食べるときに室温にもどす。冬場は室温で2～3日保存可能。

ガトーショコラ

材料（直径15cmの丸型1台分）
チョコレート（刻む）… 150g
バター… 90g
卵 … 3個
グラニュー糖 … 80g
薄力粉 … 20g

下準備
・卵は卵黄と卵白に分ける。
・型にオーブンペーパーを敷き込む（memo）。
・オーブンは180度に予熱する。

1　ボウルにチョコレートととけやすいように切ったバターを入れて湯煎にかけ、ゴムべらでまぜながらとかす。

2　湯煎からはずし、卵黄を加えて泡立て器でよくまぜる。

5　2のボウルに4（メレンゲ）の半量を加え、泡立て器でしっかりまぜる。

6　残りのメレンゲを加え、ゴムべらに持ちかえて底からすくうように大きくまぜる。

3　別のボウルに卵白を入れ、ハンドミキサーでこまかい泡が立つまでしっかり泡立てる。グラニュー糖を3回に分けて加え、そのつど泡立てる。

4　角がピンと立ち、先端が少しおじぎをするくらいまで泡立てる。

7　メレンゲの白い部分が残っているうちに薄力粉をざるでふるい入れ、白い部分がなくなるまでさっくりとまぜる。

8　型に生地を流し入れ、軽く底を台に打ちつけて空気を抜く。予熱したオーブンで約30分焼き、ケーキクーラーなどの上においてあら熱をとる。型からはずし、オーブンペーパーをはがす。

Arrange recipe 1

キャラメルりんごのガトーショコラ

キャラメルのほろ苦さとりんごの甘ずっぱさを煮詰めて、
ガトーショコラに加えて焼き上げます。
p.20～21の自家製コンポートのどれを使ってもおいしくできます。

材料(直径15cmの丸型1台分)
ガトーショコラの材料(p.10)… 全量
りんごのキャラメル煮(p.20)… 全量
生クリーム … 100mℓ
グラニュー糖 … 小さじ2
ココアパウダー … 適量

下準備
・卵は卵黄と卵白に分ける。
・生クリームは冷蔵庫で冷やす。
・型にオーブンペーパーを敷き込む(p.11のmemo)。
・オーブンは180度に予熱する。

作り方

1 ガトーショコラ(p.10～11)の1～7と同様に生地を作り、型に流し入れる。焼く直前にりんごのキャラメル煮の半量を散らして軽く押し(a)、同様に焼いてケーキクーラーなどの上において冷ます。

2 生クリームにグラニュー糖を加え、角がピンと立つまで泡立てる。

3 1を型からはずしてオーブンペーパーをはがし、2と残りのりんごのキャラメル煮をのせ、茶こしでココアを振る。

a_焼くとりんごは沈むので散らすようにのせて軽く押すだけでOK。

Arrange recipe 2
フライパン・ガトーショコラ

ガトーショコラをフライパンで焼いて作るレシピです。
オーブンがなくても作れるのは手軽ですが、底が焦げやすいので、
できるだけ弱火で、網などで火を遠ざけるとよいでしょう。

▮ 保存：冷蔵室で約1週間。食べるときに室温にもどす。冬場は室温で2〜3日保存可能。

材料（直径約18cmのフライパン1個分）
チョコレート（刻む）… 100g
バター … 60g
卵 … 2個
グラニュー糖 … 55g
薄力粉 … 15g

下準備
・卵は卵黄と卵白に分ける。
・アルミホイルをフライパンの底の形に合うように、
  端を軽く丸めて敷き込む。その上にオーブンペー
  パー（memo）を敷き込む。

作り方

1 ガトーショコラ（p.10〜11）の1〜7と同様に生地
  を作る。

2 フライパンに1の生地を流し入れる（a）。あれば
  コンロの上に網をのせてフライパンをのせ、ふた
  をして弱火で30〜40分焼く。表面が乾燥してい
  れば焼き上がり。フライパンごとケーキクーラー
  の上において、完全に冷ます。

a_アルミホイルとオーブン
ペーパーを敷くと焦げにくく、
熱がゆっくり伝わる。

memo
オーブンペーパーの切り方
フライパンの直径より少し
大きめのものを用意して四
つ折りにし、扇形になるよう
にはさみで切る。扇の左右
の端の輪になっていると
ろ3カ所と、弧の2〜3カ所
にフライパンの深さ程度の
切り込みを入れて広げると、
きれいに重なり合ってシワ
になりにくい。

大きなチョコレートサブレ

お気に入りのこの生地は、ビターでサクサク。
大きく広げれば型なしタルトを作れるし、
型で抜いて焼けばサブレとしても楽しめるのです。
薄力粉は「エクリチュール」を使うと翌日までサクサク感が続きます。

保存：冷蔵室で約1週間。

材料（直径約20cm 1個分）

［サブレ］

A｜薄力粉（あればエクリチュール）… 130g
　｜ココアパウダー … 15g
　｜塩 … ひとつまみ

バター … 75g

粉糖 … 30g

卵黄 … 1個分

［ガナッシュ］

チョコレート（ビター。こまかく刻む）… 150g

生クリーム … 100mℓ

ココアパウダー（仕上げ用。お好みで）… 適量

下準備

・バターは室温にもどす。

・Aは合わせてふるっておく。

作り方

1　サブレを作る。ボウルにバターと粉糖を入れ、ゴムべらですりまぜる。卵黄を加えてなじむまでまぜる。

2　Aを再度ふるいながら加え、さっくりと切るようにまぜる。

3　ゴムべらで生地をボウルの内側に押しつけるようにしてなじませる。ひとまとめにしてラップで包み、冷蔵室で15分休ませる。

4　オーブンペーパーを広げて生地をのせ、包んでいたラップをかぶせてめん棒で直径24cmほどにまるくのばす(a)。

5　縁を1cmほど立ち上げ、片方の親指と人さし指で生地を少しつまみ、反対の人さし指で押さえ、ひだのようにする(b)。

6　底にフォークで数カ所穴をあけ、冷凍室で15分冷やす。その間にオーブンを170度に予熱する。オーブンペーパーごと天板にのせ、予熱したオーブンで20分焼き、あら熱をとる。

7　ガナッシュを作る。小なべに生クリーム70mℓを入れ、沸騰直前まであたためる。

8　ボウルにチョコレートを入れ、7を加えてひと呼吸おき、ゆっくりまぜる。残りの生クリームを加えてまぜ合わせる。

9　6に8を流し入れ(c)、スプーンで表面を平らにし、室温におく。固まったら、好みで茶こしでココアを振る。

a_30×30cmほどのオーブンペーパーを広げた上にのせ、包んでいたラップをかぶせてのばす。

b_縁を1周立ち上げたあと、少しずつひだを寄せていく。

c_少し高い位置から中央に垂直にたらすと自然に薄く広がる。最後にスプーンでならす。

Arrange recipe 1

バナナクリームタルト

チョコレートとバナナの組み合わせは、小さいころから大好きな味。
オレンジをきかせることで大人っぽく仕上げました。
生地は冷凍保存も可能なので、1台ずつ作っても。

材料（直径15cm1個分）
チョコレート（こまかく刻む）… 30g
サブレ生地 … p.17の半量
生クリーム … 100mℓ
バナナ … 1本
グランマルニエ … 小さじ1
オレンジのコンフィ（市販。刻む）… 適量
ピスタチオ（刻む）… 適量

作り方

1 サブレ生地は p.17の4と同様に直径18cm ほどにまるくのばし、縁を1cm 立ち上げ、20分焼く。
2 生クリームは角がピンと立つまで泡立てる。
3 チョコレートは湯煎にかけてとかし、1に塗る。
4 バナナは5mm 厚さに切り、グランマルニエをからめて3に敷きつめる。
5 2を直径9〜10mm の丸口金をつけたしぼり袋に入れ、トップがピンととがるように全面にしぼる。
6 オレンジのコンフィとピスタチオを散らす。

Arrange recipe 2

ホワイトチョコレートのタルト

ホワイトチョコレートをたっぷり使ったミルキーなタルトです。
ゆずジャムやフランボワーズでアクセントをつけるのがおすすめ。
飽きずに食べられます。

材料（直径15cm1個分）
ホワイトチョコレート（こまかく刻む）… 60g
サブレ生地 … p.17の半量
プレーンヨーグルト … 大さじ1
マスカルポーネ … 60g
ゆずジャム（あれば）… 大さじ3
冷凍ラズベリー… 適量
ミントの葉（あれば）… 適量

作り方

1 サブレ生地は p.17の4と同様に直径18cm ほどにまるくのばし、縁を1cm 立ち上げ、20分焼く。
2 ボウルにホワイトチョコレートとヨーグルトを入れ、湯煎にかけてとかす。
3 あら熱がとれたら、マスカルポーネとあればゆずジャムを加えてまぜる。
4 1にスプーンで入れてのばし、表面をスプーンの背で軽くたたいて模様をつける。ほぐしたラズベリーとあればミントの葉を散らす。

Column
チョコレートに合う自家製コンポート

りんごのキャラメル煮

きんかんのはちみつ煮

タルトタタン風のジャム。タルトやロールケーキなどにはもちろん、トーストにのせてもおいしくて、りんごの季節にせっせと作る保存食です。

材料（作りやすい分量）
りんご（紅玉・皮と芯を除く）… 1個（約200g）
水 … 大さじ1〜2　　グラニュー糖 … 約60g
ブランデー … 小さじ1

作り方

1　りんごは1.5cm角に切る。計量し、重量の30%分のグラニュー糖を用意する。

2　グラニュー糖の半量と水をフライパンに入れて強火にかける。縁が薄いキャラメル色になってきたら、フライパンを回しながら加熱する。

3　濃いキャラメル色になったら火を止めてりんごを加える。弱火にかけ、ときどきまぜながらじっくりとソテーする。

4　しんなりしてきたら残りのグラニュー糖を加え、透明感が出るまで炒め煮にする。

5　仕上げにブランデーを振り入れてまぜる。

チョコレートのお菓子全般によく合います。お湯で割って飲むだけでのどによく、体もあたたまり、おいしいので冬場は欠かせません。

材料（作りやすい分量）
きんかん … 150g
グラニュー糖 … 大さじ1
はちみつ … 大さじ1
水 … 200mℓ

作り方

1　きんかんはへたを除き、横半分に切って竹ぐしで種を除く。

2　小なべにきんかんと水を入れて中火で5分ほど煮る。

3　グラニュー糖を加えて弱火にし、さらに15分ほど煮る。

4　はちみつを加えてまぜ、そのまま冷ます。

さまざまな味と相性がいいチョコレート。旬の果物やドライフルーツを使った
自家製コンポートなどは、チョコレートのお菓子をもっと楽しくしてくれます。

▌保存：煮沸消毒した保存びんに入れ、冷蔵室で1カ月ほど。開封後はお早めに。

いちじくの赤ワイン煮

あんずのバニラ風味

チーズなど甘くないものとも相性がよく、ワイン
のおつまみにも。「フォンダンショコラ」(p.80)
や市販のバニラアイスにも合います。

材料(作りやすい分量)
ドライいちじく … 100g
グラニュー糖 … 大さじ2〜3
赤ワイン … 150mℓ
バルサミコ酢 … 大さじ1
シナモンスティック、クローブ
　(ともに好みで)… 各適量

作り方
1　いちじくは切らずにさっと湯通しする。
2　すべての材料を小なべに入れ、落としぶ
　たをして15分ほど弱火で煮る。とろりと
　したら完成。

ドライフルーツのコンフィはいつでも作れるのが
魅力。華やかな酸味があるので、ヨーグルトに添
えたり、焼き菓子に加えて焼くのもおすすめ。

材料(作りやすい分量)
ドライあんず … 100g
バニラビーンズ … 1/4本
グラニュー糖 … 70g
水 … 適量

作り方
1　なべにドライあんずとバニラビーンズを
　入れ、ひたひたの水を注ぎ入れる。
2　中火にかけ、沸騰したら弱火にし、落と
　しぶたをして10分煮る。グラニュー糖
　を加えてときどきまぜながらさらに5分
　ほど煮詰める。焦げないように注意。

Chapter 2

贈りたくなる
小さなお菓子

クッキーや生チョコなどの小さなチョコレート菓子。
たくさん作って誰かにプレゼントするのにぴったりです。
とても簡単なのに手の込んだお菓子に見えるものばかり。

チョコレートクッキーサンド

とても気軽に作れるクッキーサンド。
オイルを使うと手や調理台がベタベタせず、
温度帯を気にする必要もなくて、作りやすいのが特徴。
すっきりとココアの風味が引き立つレシピです。

■ 保存：冷蔵室で約1週間。

チョコレートクッキーサンド

材料（直径4cmの菊型13個分）

卵黄 … 1個分

きび砂糖 … 40g

太白ごま油（または米油）… 大さじ3

A 薄力粉 … 80g

　ベーキングパウダー … ひとつまみ

　ココアパウダー … 7g

チョコレート、好みのジャム … 各適量

下準備

・天板にオーブンペーパーを敷き込む。

・オーブンは170度に予熱する。

1 ボウルに卵黄を入れ、きび砂糖の⅓量を加え、泡立て器でよくすりまぜる。

2 油を2回に分けて加え、そのつどしっかりとまぜる。

5 ボウルの側面にゴムべらで押しつけるようにしながらひとまとめにし、ラップで包む。少しポロポロしていてもOK。

6 ラップで包んだまま3mm厚さ、16×20cmほどにめん棒でのばす。もしまとまらなければ水を少しずつ足す。

3 とろりとしたら残りのきび砂糖を加え
てまぜる。

4 Aを合わせてふるい入れ、ゴムべら
でさっくりとまぜる。

7 片面のラップをはがし、オーブンペー
パーをかぶせて上下を返す。ラップの
上からめん棒で軽くのばし、表面につ
いたシワをととのえる。ラップをはが
し、型で26枚抜き、天板に並べる。

8 予熱したオーブンで12分ほど焼く。
2枚1組にし、まだ少し熱いうちに
チョコレートやジャムをはさむ。

アールグレイのトリュフ

リッチなチョコレートに香り高いアールグレイの風味をつけたガナッシュ。
紅茶のティーバッグのかわりに、お好きな洋酒やスパイスを加えてアレンジしたり、
フォークを使ってコーティングチョコレートの角を立てたりして楽しいですよ。

▌ 2～3日以内に食べるのがおすすめ。

材料（10個分）
［ガナッシュ］
チョコレート（カカオ分60％以上。こまかく刻む）
　　… 100g
ティーバッグ（アールグレイ）… 1パック
生クリーム … 70mℓ
バター … 5g
はちみつ … 小さじ½

ココアパウダー … 適量
　（または好みのコーティングチョコレート〈刻む〉
　　適量）

作り方

1　ガナッシュを作る。小なべにティーバッグと生
　クリームを入れて中火にかけ、沸騰直前まであた
　ためて火を止め、ティーバッグをスプーンなどで
　よく押して抽出し、とり出す。

2　再び弱火にかけ、沸騰直前まであたためて火を止
　め、チョコレートとバター、はちみつを加え、チョ
　コレートがとけてきたらゴムべらなどで軽くま
　ぜる。

3　小さなボウルなどに入れ、ラップをかけて冷蔵室
　で1時間以上冷やす。

4　ラップを10cm角ほどに切って広げ、3を大さじ
　1弱とり、クルッと丸める（a）。同様に9個作り、
　再び冷蔵室で1時間ほど冷やし固める。

5　ラップをはずし、ココアを二度まぶしたり（b）、湯
　煎でとかしたコーティングチョコレートにくぐら
　せたりして（c）、網の上において固める。

a_ ラップを茶巾しぼりにして、丸い形を作る。手でさわると熱がチョコレートに伝わり、とけて扱いにくくなるので、手早く成形する。

b_ ココアをまぶすとチョコレートの水分で湿ってしまうので、一度まぶしたら少しおいてからもう一度まぶすと、仕上がりがきれい。

c_ コーティングチョコをまとわせると、中はソフトで外はカリッとした食感に。

> **memo**
> **コーティングチョコレートを使うときは？**
>
> コーティングチョコレートは風味が弱いため、ガナッシュ用のチョコレートが余分にあれば、コーティングチョコの⅓量を目安に、いっしょに刻んでとかしてみて。

ゆずの生チョコ

おいしいチョコレートで作ると風味も口どけも抜群。
ゆずはフランスでも人気が高く、ショコラティエでも見かけます。
チョコの甘さをキリッと引き締めてくれます。

📗 2〜3日以内に食べるのがおすすめ。

材料（20〜25個分）

チョコレート（カカオ分60％以上。こまかく刻む）
　　… 160g

チョコレート（ミルク、刻む）… 50g

＊ビターチョコレート210gのみで作ることも可能。

生クリーム … 100mℓ

ゆずジャム（またはゆず茶）… 25g

ゆずの皮のすりおろし … ¼個分

ココアパウダー … 適量

下準備

・15×12cmほどの保存容器にオーブンペーパーを
　敷き込む。

作り方

1　耐熱ボウルに生クリームを入れてラップをかけ
　ずに電子レンジで40秒〜1分加熱し（沸騰直前
　まで）、チョコレートをすべて加え、とけてきたら
　ゴムべらなどで軽くまぜる（a）。とけにくければ
　ボウルの底を湯につける。

2　ゆずジャムとゆずの皮を加え、ムラなくまぜる。

3　保存容器に流し入れ（b）、容器を少し上から台に
　落として空気を抜き、表面をスプーンの背などで
　ならす。ふたをして冷蔵室で1時間以上冷やす。

4　固まったら容器からとり出し、湯をさっとかけて
　乾いたふきんでふいてあたためたナイフで
　2.5cm角に切り（c）、ココアを二度まぶす。

a_ チョコレートがとけてき
たら、ゆっくりとまぜる（急
いでまぜると分離してしま
う）。もし分離したら、軽く
あたためた生クリームを足
して。

b_ 容器にオーブンペーパー
を敷いておくと、あとでとり
出しやすく、きれいにはが
れる。厚みが均等になるよ
うに流し入れる。

c_ あたためたナイフは先端
を台につけて支点にし、テ
コのように下ろして一気に
切る。端を切り落としてから
切り分けると、きれいな四角
になる。

チョコチャンククッキー

隠し味にピーナッツバターを使った型いらずのチョコクッキー。
さっくりとした食感は、アメリカの田舎のママが作るイメージです。
一度に焼けない場合は、回数を分けて焼くときれいに仕上がります。

■ 密閉容器に乾燥剤を入れて、約1週間はおいしく食べられる。

材料（約25個分）

［クッキー］
バター… 100g
ピーナッツバター … 小さじ2
ブラウンシュガー … 70g
卵 … 1個
A｜薄力粉 … 160g
｜塩 … ひとつまみ
｜ベーキングソーダ … 小さじ1/3（1.5g）

［チョコ&くるみ］
板チョコレート … 25g
くるみ（あらく刻む）… 25g

［ホワイトチョコ&クランベリー&マカダミアナッツ］
板チョコレート（ホワイト）… 25g
ドライクランベリー（さっと湯をかけてざるに上げる）… 大さじ1 1/2
マカダミアナッツ（あらく刻む）… 20g

下準備

- バターは室温にもどし、指がすっと入るくらいまでやわらかくしておく。
- 卵はしっかりとときき、室温においておく。
- 天板にオーブンペーパーを敷き込む。
- オーブンは180度に予熱する（その際、刻む前のくるみ、マカダミアナッツを同時にから焼きしても）。

作り方

1 ボウルにバター、ピーナッツバター、ブラウンシュガーを入れ、泡立て器でブラウンシュガーがなじんで見えなくなるまでよくすりまぜる。
2 とき卵を3〜4回に分けて加え、そのつどしっかりまぜる。
3 Aを合わせてふるい入れ、ゴムべらで底から返しながら粉っぽさがなくなるまで切るようにまぜる。別のボウルを用意して生地の半量をとり分ける。
4 チョコ&くるみを作る。3の片方のボウルに一口大に割ったチョコレートとくるみを加え、まぜる。
5 ホワイトチョコ&クランベリー&マカダミアナッツを作る。3のもう1つのボウルにチョコレート、クランベリー、マカダミアナッツを加え、まぜる。
6 天板に生地をスプーンで直径3〜4cmになるように間隔を3cmほどあけて並べ、スプーンの背で軽くつぶす。予熱したオーブンで約15分、表面がきつね色になり、裏面にもしっかりと色がついたら焼き上がり。網にのせて冷ます。

ダブルチョコビスコッティ

チョコレートとココアを両方使った、チョコ好きのためのビスコッティ。
レモンピールの酸味と香りがヘーゼルナッツとよく合います。
ドライフルーツは、いちじく、あんず、オレンジピールなど好みのものでも。

▌密閉容器に乾燥剤を入れて、約1週間はおいしく食べられる。

材料(8〜9個分)

チョコレート(刻む)…55g

卵…1個

グラニュー糖…40g

太白ごま油(または米油)…大さじ1

A │ 薄力粉…100g

　│ ココアパウダー…大さじ1

　│ ベーキングパウダー…小さじ⅓(2g)

ヘーゼルナッツ…30g

レモンピール(5mm角に切る)…大さじ1

下準備
・天板にオーブンペーパーを敷き込む。
・オーブンは180度に予熱する。

作り方

1 ボウルに卵、グラニュー糖、油を入れ、泡立て器
　で卵をほぐしながらよくまぜる。Aを合わせて
　ふるい入れ、ゴムべらで底から返しながら粉っぽ
　さがなくなるまで切るようにまぜる。

2 チョコレート、レモンピール、ヘーゼルナッツを
　加え、ムラなくざっくりとまぜ、手でひとつにま
　とめる。天板にのせ、12×18cmのなまこ形に
　成形し(a)、予熱したオーブンで20分焼く。

3 オーブンからとり出し、冷めないうちに端から
　1.5cm厚さに切る(b)。切り口を上にして並べ、
　160度に予熱し直したオーブンで25〜30分焼
　き、オーブンに入れたまま乾燥させながら冷ます。

a_最初は大きなかたまりの
まま焼く。オーブンペーパー
を敷いた天板の上に生地を
のせ、手でなまこのような形
にまとめる。

b_1.5cm厚さに切り、切り
口を上にしてもう一度焼く。
焼き上がってからも天板に
のせたまま余熱で水分をと
ばす。

チョコレートグラノーラ

チョコやココアを使ったグラノーラは、バターや生クリームを使わなくても
食べごたえがあります。お好みでナッツを多めに入れると、香ばしい仕上がりに。
バナナチップやドライクランベリー、レーズンなどを加えてもおいしく、
小分けにして包装すればプチギフトにもぴったりです。

▌ 密閉容器に乾燥剤を入れて、約2週間はおいしく食べられる。

材料（作りやすい分量）

A 太白ごま油（または米油）… 40g
　メープルシロップ … 30g
　ブラウンシュガー … 40g
　牛乳 … 大さじ2

B オートミール（クイックオーツ）… 90g
　ココナッツファイン … 30g
　薄力粉 … 30g
　ココアパウダー … 15g
　塩 … 小さじ¼

ヘーゼルナッツ … 30g
くるみ（あらく刻む）… 30g
板チョコレート（あらく刻む）… 45g
ドライオレンジ（あれば）… 10g

下準備
・薄力粉、ココアパウダー、塩は合わせてふるう。
・天板にオーブンペーパーを敷き込む。
・オーブンは150度に予熱する。

作り方

1 ボウルにAを入れ、泡立て器でよくまぜる。

2 Bを加え、ゴムべらに持ちかえてさっくりまぜ、天板に広げる。

3 予熱したオーブンで20分焼き、上下を返してナッツを散らし、さらに30〜40分焼く。

4 オーブンからとり出して冷まし、ほんのりあたたかいうちにチョコレートと、あれば手で半分にちぎったドライオレンジを加え、少しとけたチョコレートをからめる。オーブンペーパーの上に広げて冷ます。

グラノーラバー

ポリポリとどんどん食べてしまうおいしさ。
まろやかなチョコレートとドライフルーツの酸味は、たまらない組み合わせです。
持ち歩きやすく、プチギフトだけでなくアウトドアのおやつにもぴったり。

▌密閉容器に乾燥剤を入れて、約1週間はおいしく食べられる。

材料（14〜18本分）
板チョコレート（こまかく刻む）… 50g
オートミール（クイックオーツ）… 60g
ココナッツファイン … 20g
薄力粉 … 40g
オレンジピール … 大さじ2
ドライクランベリー … 大さじ2
レーズン … 大さじ2
バター … 50g
メープルシロップ … 大さじ3
ブラウンシュガー（なければグラニュー糖でも）
　… 大さじ1

下準備
・ドライクランベリーとレーズンはさっと湯をかけて
　ざるに上げる。
・天板にオーブンペーパーを敷き込む。
・オーブンは170度に予熱する。

作り方

1　オートミール、ココナッツファイン、薄力粉は天板に広げる。予熱している途中のオーブンに入れ、約10分おいて乾燥させる。

2　オレンジピールは5mm角に切る。クランベリーとレーズンはしっかり水けをきり、あらく刻む。バターは2〜3cm角に切る。

3　耐熱ボウルにバター、メープルシロップ、ブラウンシュガーを入れ、ラップをかけずに電子レンジで約30秒、バターがとけるまで加熱し、ゴムべらでムラなくまぜる。

4　1と残りの2、チョコレートを加えてムラなくまぜ、再度オーブンペーパーを敷いた天板に18cm角×1cm厚さくらいに広げてまとめる。

5　予熱したオーブンで20分焼く。レーズンは焦げやすいので注意する。熱いうちに半分に切り、さらに2cm幅に切る。

ウーピーパイ

アメリカに古くから伝わるお菓子。ソフトチョコクッキーに
ふわふわのマシュマロクリームをはさんだ、どこかほっとする味です。

▌ 2〜3日以内に食べるのがおすすめ。

材料（8個分）

A | 薄力粉 … 80g
  | ココアパウダー … 20g
  | ベーキングパウダー … 小さじ½（3g）

バター … 50g
グラニュー糖 … 50g
とき卵 … ½個分
プレーンヨーグルト … 50g
牛乳 … 50mℓ

［マシュマロクリーム］

バター … 20g
マシュマロ … 100g

［デコレーション］

チョコレート（刻む）… 50g

下準備

・バターは室温にもどす。
・天板にオーブンペーパーを敷き込む。
・オーブンは180度に予熱する。

作り方

1 バターをボウルに入れて、グラニュー糖を加え、泡立て器で全体が空気を含んで白っぽくなるまでまぜる。とき卵を加えてまぜ、さらにヨーグルトを加えてムラなくまぜる。

2 合わせたAの半量をふるい入れ、ゴムべらでなじむまでさっくりとまぜる。さらに牛乳を加えてムラなくまぜ、残りのAをふるいながら加え、ゴムべらで底から返しながら粉っぽさがなくなるまで切るようにまぜる。

3 天板に2の半量をスプーン2本を使って直径4cm程度になるように間隔をあけて8個おく（a）。指に水をつけて表面を平らにならし、予熱したオーブンで15〜20分焼く。

4 3がふっくらとして、やけどに注意しながら押してみて弾力があれば焼き上がり。網の上などにおいて、あら熱をとる。同様にして残りの生地も焼く。（一度に天板を2枚入れられるオーブンの場合、一度に焼いてOK）

5 マシュマロクリームを作る。耐熱ボウルにバターを入れ、ラップをかけずに電子レンジで10〜20秒加熱し、マシュマロを加えてゴムべらでとけるまでまぜる。

6 ほんのりあたたかい4を平らな部分を内側にして2枚1組にし、5が熱いうちに等分にはさむ。うまくくっつかなかったら、まだ熱いオーブンに少し戻し入れてマシュマロをとかすとよい。

7 チョコレートをボウルに入れて湯煎でとかし（b）、6の上面にたっぷりとのせ、スプーンなどで薄く塗り広げる。

a_ スプーンなら手軽にできるが、1cmの丸口金をつけたしぼり袋を使ってもよい。2枚1組にするので、大きさが同じになるように気をつける。

b_ 湯煎は湯に容器の底をつけ、間接的に材料に熱を通す方法。フライパンのように深さのないものに湯を入れれば、容器に湯が入る失敗も少ない。

チョコスプレッド3種

多めの生クリームでチョコレートをとかしたチョコスプレッドは、
あると食事やお茶の時間が楽しくなるアイテム。
3種類の味をご紹介します。

▌保存：冷蔵室で約10日。

ミルクチョコ
スプレッド

ジンジャーハニー
チョコスプレッド

塩キャラメル
チョコスプレッド

with biscuit

お好みのタイプのチョコスプレッドをビスケットにつけて。ちょっと塩味の効いたクラッカーとも意外と相性がいい。

41

ミルクチョコスプレッド

基本のチョコスプレッド。
練乳も加えて、甘〜くミルキーに。
子どもから大人にまで好かれる味です。

材料（約200mℓ 分）
チョコレート（ミルク。こまかく刻む）… 100g
生クリーム … 100mℓ
練乳 … 大さじ1

作り方

1 耐熱ボウルに生クリームを入れ、ラップをかけて電子レンジで約1分加熱し（沸騰直前まで。小なべで火にかけてもよい）、チョコレートを加え、とけてきたら軽くまぜる。練乳を加え、まぜる。

ジンジャーハニー
チョコスプレッド

ピリッとしたしょうがの風味が
甘さの中できわ立ちます。
しょうがの量は好みで調節してください。

材料（約200mℓ 分）
チョコレート（ミルク。こまかく刻む）… 100g
生クリーム … 100mℓ
練乳 … 大さじ2
はちみつ … 小さじ2
しょうが（すりおろし）… 大さじ1

作り方

1 ミルクチョコスプレッドと同様に作り、はちみつとしょうがを加えまぜる。

塩キャラメル
チョコスプレッド

キャラメルクリームにチョコレートをとかします。キャラメルはしっかり焦がして少し苦みを出して。

材料（約200mℓ 分）
チョコレート（カカオ分60%以上。こまかく刻む）
　… 100g
グラニュー糖 … 100g　　生クリーム … 100mℓ
湯 … 50mℓ　　　　　　塩 … 少々
　　　　　　　　　　　水 … 大さじ1

作り方

1 グラニュー糖と水を小なべに入れて強火にかける。縁が薄く色づいてきたらなべを回しながら様子をみて、全体がキャラメル色になったら火を止め、余熱で濃いキャラメル色にする。

2 湯を加え（a）、再び中火にかけてゴムべらでムラがなくなるまでまぜる。生クリームを加えてなじませながら軽く煮る。火を止め、チョコレートを加えて軽くまぜ、塩を加えてまぜる。

a_キャラメルがしょうゆのような濃い茶色になったら湯を加えてのばす。焦がして苦みを出したほうがおいしく仕上がる。

with toast

上：焼きたてのトーストに大さじ2程度をのせて。パンの熱でチョコスプレッドがとろりとやわらかくなっておいしい。

with fruits

下左：いちご、バナナ、マンゴーなど好きなフレッシュフルーツといっしょに。気軽にチョコフォンデュを楽しめる。

with milk

下右：あたためた牛乳200mℓに大さじ2程度をとかし、やさしい甘さのホットチョコレートに。

Column
チョコレートのお菓子に役立つ
ラッピングアイディア

グラノーラバーなど形のくずれにくい
ものは、カラー薄紙でくるみ、両端を
ねじってキャンディー包みに。いくつ
か作ってワイヤータイで連結させれば、
スイーツのリングが完成。

カップケーキは透明の袋に入れ、あえ
て見せるラッピングを。ナプキンを入
れ、フォークを刺しておくと、すぐ食
べられて、見た目のポイントにも。リボ
ンははさみでしごいてカールさせて。

ストックしておいたすてきなあき箱は
そのまま使ってもいいけれど、リボン
とマスキングテープで持ち手をつける
だけでバッグのようになり、ぐんと個
性的なラッピングに。

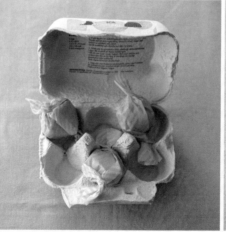

トリュフや生チョコなどを箱に入れた
ら、カラー麻ひもでクルリと結んで。
色を多用せずにまとめるとシックな感
じに。シーリングワックス風のシール
も手軽でおすすめ。

紙製の卵のあき箱は見た目がかわいい
だけでなく、ウーピーパイなどつぶれ
やすいお菓子をカバーする実用性も兼
ね備えたアイテム。ワックスペーパー
で包んで入れて。

クッキーなどを入れたポリ袋の口を閉
じるとき、上部にリボンを入れ込んで
クルクルと折りたたんで。最後にリボ
ンの両端を結べば、見た目もかわいい
し、持ち運びにも便利。

チョコレートのお菓子を作ったら、誰かにプレゼントしたくなります。
とっておいた包装紙や身近な材料、100円ショップで買える道具を使って
作ったお菓子をますますスペシャルなものにしてみませんか？

wrapping _ Tomoe Ito

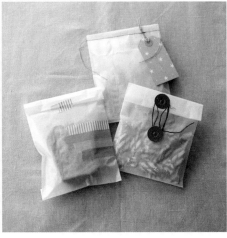

パウンドケーキなどを好みのラッピングペーパーで包み、十字にリボンがけし、シールをアクセントに。男性に贈るのにもおすすめの渋くてかわいいラッピングアイディア。

ワックスペーパーの袋は小ぶりのお菓子のラッピングに便利。マスキングテープをはる、ミシンで直接縫う、封筒の玉ひも風のシールをはるなど、閉じ方にもひと工夫を。

ガラスのあきびんに白の油性ペンなどでメッセージやイラストなどを直接かいてしまうのも楽しい！　リボンをかけたり、ふたにシールをはったりしてアクセントにしても。

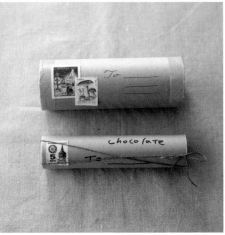

ラッピングペーパーを円すい状に丸めてホチキスどめ。ビスコッティのような長めのものや、トリュフのように小さいものを数個入れて。お花を同様にラッピングしていっしょにプレゼント。

ポスターが入っていた紙管やラップの芯の中に、ワックスペーパーなどで包んだお菓子を詰めて。麻ひもをかけたり、ワックスペーパーで閉じたり。直接あて名を書いて小包風に。

まるいレースペーパー2枚を両面テープではり合わせ、リボンで持ち手をつけるだけのポシェット風バッグ。クッキーなどを入れて。油がしみ込まないようにワックスペーパーで包むこと。

デビルズフードケーキ

「悪魔」の名前がつけられたアメリカンケーキ。

ふわふわ、しっとり、ほろほろ……。なんともいえない独特の食感のポイントは
ベーキングソーダ。材料は多いですが、混ぜるだけで簡単です。

本場ではクリームもココアで作りますが、私はチョコレートを使って
さらにリッチで濃厚で魅惑的なおいしさを追求しました。

高さを出すために分量は多めですが、半量にして直径12cmの丸型や
15cmの丸型で低めに焼いてもOK。

その場合は、焼き時間を180度で8分、160度で30分にしてください。

2〜3日以内に食べるのがおすすめ。

Chapter 3
本格的な焼き菓子

パーティーの主役になりそうな大きなホールの
チョコレートケーキはたっぷりのクリームで飾って。
また、フランス菓子のマドレーヌやフィナンシェも
チョコレートを使えばリッチな仕上がりです。

デビルズフードケーキ

材料（直径15cmの丸型1台分）
ココアパウダー … 60g
太白ごま油（または米油）… 80mℓ
サワークリーム … 90mℓ
牛乳 … 80mℓ
バター … 80g
グラニュー糖 … 160g
卵 … 2個
薄力粉 … 160g

ベーキングパウダー … 小さじ1
ベーキングソーダ
　… 小さじ½（2g）
インスタントコーヒー … 小さじ1
湯 … 80g

［チョコレートクリーム］
チョコレート（刻む）… 200g
生クリーム … 300mℓ

下準備
・インスタントコーヒーは湯でといて
　冷ます。
・バターと卵は室温にもどす。
・型にオーブンペーパーを敷き込む。
・オーブンは180度に予熱する。

1 容器にココアパウダーと油を入れ、泡立て器でよくまぜる。

2 別の容器にサワークリームと牛乳を入れ、泡立て器でよくまぜる。

5 2を2回に分けて加え、そのつどよくまぜる。

6 残りの薄力粉、ベーキングパウダー、ベーキングソーダを合わせたものをふるい入れ、さらにしっかりまぜる。

memo

チョコレートクリームの作り方

生クリームは小なべに入れて
弱火にかけ、沸騰直前まであ
たためる。チョコレートをボ
ウルに入れ、生クリームの²⁄₃
量を加え、1分ほどおき、ゴ
ムべらでゆっくりとまぜとか
す。残りの生クリームを少し
ずつ加えてよくまぜる。ラッ
プをかけ、冷蔵室に入れて
30分以上冷やす。

3　ボウルにバター、グラニュー糖、1を
　　入れ、ハンドミキサーでふわっとして
　　白っぽくなるまでまぜる。

4　よくといた卵を加え、泡立て器でしっ
　　かりとまぜる。薄力粉、ベーキングパ
　　ウダー、ベーキングソーダを合わせて
　　半量をふるい入れ、泡立て器でまぜる。

7　コーヒーをまぜ、型に流し入れる。
　　180度のオーブンで10分、160度に
　　下げて45分焼き、ケーキクーラーに
　　ひっくり返してのせて冷ます。焼く間
　　にチョコレートクリームを作る（memo）。

8　ケーキが完全に冷めたら、オーブン
　　ペーパーをはがし、再び上下を返す。
　　厚みを半分に切り、パレットナイフな
　　どでクリームを塗ってはさむ。表面に
　　もたっぷりとクリームを塗る。

くるみのブラウニー

アメリカの家庭で親しまれている定番のお菓子。
少しいい製菓用チョコレートで作ってみると上質な大人の味わいに。
私はヴァローナ社の「グアナラ」で作るのがお気に入り。

▌ 保存：室温で2〜3日。

材料（15cmの角型1台分）
チョコレート（カカオ分60％以上。刻む）
　… 120g
バター … 100g
卵 … 2個
グラニュー糖 … 100g
薄力粉（あればエクリチュール）… 60g
ベーキングパウダー … ひとつまみ
くるみ … 100g

下準備
・型にオーブンペーパーを敷き込む。
・オーブンは170度に予熱する。

作り方

1　バターは2〜3cm角に切る。ボウルにバターと
　チョコレートを入れ、湯煎にかけてゴムべらでま
　ぜてとかし、あら熱をとる。

2　別のボウルに卵とグラニュー糖を入れて泡立て
　器でよくすりまぜ、1を加えてムラなくまぜる。
　さらに薄力粉とベーキングパウダーをふるいな
　がら加え、よくまぜる。

3　くるみの半量を加えてまぜ、型に流し入れる。

4　残りのくるみを散らし、予熱したオーブンで20
　〜25分焼く。

5　オーブンペーパーごと型から出して網などにの
　せ、あら熱がとれたらラップをかけて冷蔵室で
　30分以上冷やす。食べる前に棒状に切る。

ブラック&ホワイトブラウニー

サワークリームで作る生地はさわやかでクリーミー。
チョコとも甘ずっぱいベリーともよく合います。
冷たく冷やして召し上がれ。

▌ 保存：冷蔵室で約3日。

材料（15cmの角型1台分）
チョコレート（カカオ分60%以上。刻む）
　… 50g
バター … 50g
卵 … 1個
グラニュー糖 … 40g
薄力粉 … 40g

［ホワイト生地］
サワークリーム … 180mℓ
粉糖 … 40g
卵黄 … 1個分
冷凍ブルーベリー、冷凍ラズベリー … 合わせて50g

下準備
・型にオーブンペーパーを敷き込む。
・オーブンは170度に予熱する。

作り方

1　バターは2〜3cm角に切る。ボウルにバターとチョコレートを入れ、湯煎にかけてゴムべらでまぜてとかし、あら熱をとる。

2　別のボウルに卵、グラニュー糖を入れて泡立て器でよくすりまぜ、1を加えてムラなくまぜる。さらに薄力粉をふるいながら加えてよくまぜる。

3　ホワイト生地を作る。別のボウルにサワークリームと粉糖、卵黄を入れ、泡立て器でなめらかになるまでよくまぜる。

4　型に2を流し入れ、上から3を重ねる（a）。型を少し上から台に落として空気を抜き、表面をならしてベリー類を間隔をあけてのせる。

5　予熱したオーブンに入れ、20分焼く。

6　オーブンペーパーごと型から出して網などにのせ、あら熱がとれたらラップをかけて冷蔵室で30分以上冷やす。オーブンペーパーをはがし、スクエアにカットする。

a_ チョコレート生地を流し入れた上から直接ホワイト生地を流し入れる。2つの生地を一度に焼いてOK。

抹茶とチョコのケーク

アーモンドパウダーでコクを出した生地をベースに、
ココアと抹茶、それぞれの風味と調和を楽しめます。
ビターな味わいと2色のコントラストが魅力のケーキです。

▌ 保存：約1週間。夏場は冷蔵室に入れ、食べるときに室温にもどす。
2～3日たってから食べたほうが、味がなじんでおいしい。

材料（18×7×高さ6.5cmのパウンド型1台分）

バター … 90g
グラニュー糖 … 110g
卵 … 2個
A｜薄力粉 … 100g
　｜アーモンドパウダー … 30g
　｜ベーキングパウダー … 小さじ½（3g）
B｜ココアパウダー … 7g
　｜牛乳 … 大さじ1
C｜抹茶パウダー … 大さじ1（5g）
　｜牛乳 … 大さじ1½

下準備

・バターと卵は室温にもどす。
・型にオーブンペーパーを敷き込む。
・オーブンは170度に予熱する。

作り方

1 ボウルにバターとグラニュー糖を入れ、泡立て器で空気を含んで白っぽくなるまでまぜる。

2 別のボウルに卵を割りほぐし、1に4～5回に分けて加え、なじむまでまぜる。

3 Aを合わせてふるい入れ、泡立て器で底から持ち上げるようにして、粉けがなくなるまでしっかりとまぜる。

4 生地を2等分し、2つのボウルに分けて入れる。Bを合わせたもの、Cを合わせたものをそれぞれ加え、泡立て器でよくまぜる。

5 型に4の生地を交互に流し入れる（a）。型を少し上から台に落として空気を抜き、予熱したオーブンで40分、表面が裂けて、裂け目が乾燥し、竹ぐしを刺しても生地がつかなければ焼き上がり。ケーキクーラーなどの上にのせ、あら熱がとれたら型からとり出す。

a_2つの生地はあまりまぜすぎないほうが、それぞれの味をしっかり楽しめておいしい。型の中に交互にランダムに入れていく。

チョコレートのマドレーヌ

チョコ味のマドレーヌはココアで作ることが多いけれど、
ここではビターなチョコレートを入れてリッチに。
はっきりとチョコ味がきわ立ち、ほろほろ軽い食感です。
生地は型に入れてから一度冷やしてねかせると
きめこまかくふっくらと仕上がります。

▌保存：3〜4日。

材料（7.5×5cmのマドレーヌ型8〜10個分）
チョコレート（カカオ60%以上。刻む）… 50g
バター … 60g
卵 … 1個
グラニュー糖 … 60g
牛乳 … 大さじ1
薄力粉 … 60g
ベーキングパウダー … 小さじ1

下準備
・型にバター（分量外）を薄く塗り、薄力粉（分量外）
　をはたき、冷蔵室で冷やしておく。

作り方

1　バターは2〜3cm角に切る。ボウルにバターと
　　チョコレートを入れ、湯煎にかけてゴムべらでま
　　ぜながらとかし、あら熱をとる。

2　別のボウルに卵を割り入れてグラニュー糖を加
　　え、グラニュー糖がとけるまで泡立て器でしっか
　　りまぜる。さらに1を加えてさっくりまぜる。

3　牛乳を加えてまぜ、薄力粉とベーキングパウダー
　　を合わせてふるい入れ、さらにまぜる。

4　スプーンなどで型に入れ、ラップをかけずに1時
　　間ほど冷蔵室で冷やす。その間にオーブンを
　　190度に予熱する。

5　オーブンで約10分焼く。型からはずし、網など
　　の上において冷ます。

チョコレートのフィナンシェ

材料はすべて同量。まぜて焼くだけで簡単にできるフィナンシェ。
おいしいチョコレートもバターもたっぷり使い、しっとり濃厚で魅惑的な味に。
生地は冷蔵しておけば2〜3日保存可能。食べたいときにさっと焼けます。

▌保存：約1週間。2〜3日たってから食べたほうが、味がなじんでおいしい。

材料（4〜5cmのハート形のフィナンシェ型10個分）
チョコレート（カカオ60%以上。刻む）… 60g
バター … 60g
卵白 … 60g
＊2層に分かれた新鮮なものより、コシがなくなったもののほうが
うまくできる。卵白は冷凍保存も可能。
A｜アーモンドパウダー … 60g
　｜粉糖 … 60g

下準備
・卵白は室温にもどす。
・型にバター（分量外）を薄く塗り、薄力粉（分量外）
　をはたく（a）。
・オーブンは190度に予熱する。

作り方

1　バターは2〜3cm角に切る。ボウルにバターと
　　チョコレートを入れ、湯煎にかけてゴムべらでま
　　ぜながらとかし、あら熱をとる。

2　卵白を加え、泡立て器で空気が入らないように左
　　右に振るように動かしてまぜ合わせる。

3　Aを合わせてふるい入れ、泡立て器で空気が入
　　らないようにしながら粉けがなくなるまでまぜる。

4　型に等分に流し入れ、予熱したオーブンで約10
　　分焼く。表面が盛り上がってきたら焼き上がり。
　　型からはずし、網などの上で冷ます。

a_ オーブンペーパーを敷き
にくい型にはバターを塗り、
薄力粉を薄く振ると焼き上
がったときはずしやすい。シ
リコン型はそのままでOK。

チョコレートカップケーキ

生地にもデコレーションにもチョコレートを入れた
リッチ＆シックなカップケーキ。
花の砂糖漬けを飾ると、お茶に招いたゲストから歓声が上がりそう。

▌ 保存：2〜3日以内に食べるのがおすすめ。

材料（直径4×高さ3.5cmの紙カップ5個分）
［カップケーキ］
チョコレート（こまかく刻む）… 30g
バター … 70g
グラニュー糖 … 50g
卵 … 1個
A｜薄力粉 … 70g
　｜ベーキングパウダー … 小さじ½（3g）
　｜ココアパウダー … 15g
牛乳 … 大さじ3
プレーンヨーグルト … 大さじ2

［ガナッシュ］
チョコレート（こまかく刻む）… 50g
牛乳 … 大さじ1½

花の砂糖漬け（あれば。a）… 適量

下準備
・バターと卵は室温にもどす。
・オーブンは190度に予熱する。

作り方

1 カップケーキを作る。ボウルにバターとグラニュー糖を入れ、泡立て器で空気を含んで白っぽくなるまでよくまぜる。

2 といた卵を少しずつ加えてムラなくまぜ、さらにAを合わせたものの半量をふるいながら加え、しっかりまぜる。

3 牛乳とヨーグルトを加えてまぜる。残りのAをふるいながら加え、さらにチョコレートを加え、ゴムべらでさっくりとまぜる。

4 紙カップに七分目まで入れ、予熱したオーブンで16〜20分焼く。竹ぐしを刺して何もついてこなければ焼き上がり。網などの上にのせ、あら熱をとる。

5 ガナッシュを作る。耐熱ボウルに牛乳を入れ、電子レンジで約10秒加熱し、チョコレートを加えてとけてきたら軽くまぜる。とけきらなかったら5秒ずつ追加加熱する。

6 4の上面に5を約大さじ1のせ、スプーンの背で広げる。あれば花の砂糖漬けをトッピングする。

a_エディブルフラワーの砂糖漬けを作る。卵白1個分を水小さじ2でよくといたものをからめ、グラニュー糖（あれば微細）をまぶし、自然に乾かす。

ショコラフランボワーズ

ラズベリークリームはふんわりとムースのような軽やかさ。
はちみつ入りのしっとりとしたチョコレートスポンジによく合います。
ラズベリーには、ナパージュ（市販）を水滴のようにちょんちょんとあしらっても。
お誕生日など、特別な日に作りたいケーキです。

▌ 保存：当日中に食べるのがおすすめ。作った2〜3時間後が食べごろ。

ショコラフランボワーズ

◎チョコレートスポンジ

材料（直径15cmの丸型1台分）
卵 … 2個
グラニュー糖 … 70g
はちみつ … 小さじ1
A │ 薄力粉 … 50g
　 │ ココアパウダー … 10g
バター … 10g
牛乳 … 大さじ1

下準備
・型にオーブンペーパーを敷き込む。
・オーブンは170度に予熱する。

作り方

1　チョコレートスポンジを作る。ボウルに卵、グラ
　ニュー糖、はちみつを入れ、湯煎にかけながらハ
　ンドミキサーでしっかりと泡立てる。人肌より
　熱くなったら湯煎からはずし、泡立て器にこんも
　りとこもるくらいまで泡立ったら(a)、泡立て器
　またはハンドミキサーの低速で1分ほど泡立て
　てキメをととのえる。

2　Aを合わせてふるいながら加え(b)、ゴムべらで
　粉っぽさがなくなるまで底からすくい上げるよ
　うにまぜ合わせる。

3　耐熱容器にバターと牛乳を入れ、ラップをかけて
　電子レンジでバターがとけるまで様子を見なが
　ら10秒ほど加熱し、熱いうちに2に加えてさら
　にまぜる(c)。

4　型に生地を流し入れ、軽く型を回して表面をとと
　のえ、予熱したオーブンで約30分焼く。やけど
　に注意しながら手でさわってみて、表面に弾力が
　あり、竹ぐしを刺して何もついてこなければ焼き
　上がり。

5　10cmくらいの高さから型を台に落とし、ひっく
　り返してケーキクーラーなどの上においてあら
　熱をとる。

6　オーブンペーパーをはがし、再び上下を返して表
　面を薄く切り落とす(d)。厚みを3等分に切る。

a_ 卵にグラニュー糖とはち
みつを加えて泡立てる。湯
煎にかけると空気をたくさ
ん含みやすい。持ち上げた
とき、泡立て器に生地がこ
もるくらいまで。

b_Aをふるいながら加える。
空気を含むように、少し高
めの位置からふるうとよい。

c_ とかしたバターと牛乳を
合わせたものを加えてまぜ
ると、しっとりとした生地に。
泡をつぶさないように注意。

d_ 生地のいちばん上の部分
を薄く切り落とす。平らにな
り、生地にクリームの水分
がしみてしっとりとする。

◎デコレーション

材料（直径15cmの丸型1台分）

［ラズベリークリーム］
冷凍ラズベリー… 100g
グラニュー糖… 80g
レモン汁… 小さじ1
粉ゼラチン… 5g
生クリーム… 200mℓ

［デコレーション］
冷凍ラズベリー（サンド用）… 100g
生ラズベリー（トップ用。好みで）… ½〜1パック
コーティングチョコレート（ホワイト。刻む。好みで）
　… 適量
ラズベリーパウダー（あれば）… 適量

下準備
・ゼラチンは水大さじ1½（分量外）に振り入れてふ
　やかしておく。

作り方

7　ラズベリークリームを作る。耐熱ボウルにラズ
　　ベリー、グラニュー糖、レモン汁を入れ、ラップ
　　をかけずに電子レンジで2分加熱し、ふやかした
　　ゼラチンを加えて(e)こし、室温くらいに冷ます。

8　生クリームを六分立て(泡立て器ですくって線が
　　かける程度)にし、7を加え(f)、泡立て器でなじ
　　むようにしっかりとまぜる。

9　6のまん中はとっておき、1枚を皿の上などにの
　　せ、8の¼量を塗って冷凍ラズベリーの半量を並
　　べ、もう1枚をのせる(g)。同様に8を塗ってラ
　　ズベリーを並べ、とっておいたまん中のスポンジ
　　をのせる。

10　残りの8をのせ、パレットナイフ（ナイフでも可）
　　で表面が平らになるようにならし、側面に流れた
　　クリームをととのえる(h)。好みで生ラズベリー
　　や湯煎でとかしたコーティングチョコレート（ス
　　プーンでセロハンなどの上にまるくのばしたも
　　の。固まる前にあればラズベリーパウダーを散
　　らすときれい)などを飾る。

e_ あたためたラズベリーな
どにふやかしたゼラチンを
加える。ここでゼラチンがと
けるまでしっかりとまぜてお
くこと。

f_ 泡立てた生クリームに7
を加える。ゼラチンを入れ
るとクリームがムースのよう
な食感になり、ぼそぼそに
なりにくくなる。

g_ スポンジ生地の断面にク
リームを塗り広げ、ラズベ
リーを全体に均等に散らば
るように並べ、もう1枚のス
ポンジを重ねる。

h_ パレットナイフを縦に持
ち、大きく動かして側面に
流れたクリームを全体にま
んべんなく塗る。ナイフを固
定し、皿のほうを回してもよ
い。

Arrange recipe
ショコラバナーヌ

ショコラフランボワーズ（p.64）のアレンジバージョンは、
シロップやクリームにラム酒をしのばせて。手軽なのに大人っぽい、
みんなが大好きなチョコとバナナの組み合わせ。
ふわふわのチョコレートスポンジを焼いたら、お好きなクリームやフルーツを。

材料（直径15cmの丸型1台分）
［チョコレートスポンジ］
ショコラフランボワーズの材料（p.64）… 全量

［シロップ］
グラニュー糖 … 大さじ1
ラム酒 … 小さじ1
水 … 大さじ3

［デコレーション］
生クリーム … 300mℓ
グラニュー糖 … 20g
ラム酒 … 適量
バナナ … 2本
板チョコレート … 適量

下準備
・シロップの材料を耐熱容器に入れ、電子レンジで
　30秒加熱してまぜ、冷ましておく。
・型にオーブンペーパーを敷き込む。
・オーブンは170度に予熱する。

作り方

1　「ショコラフランボワーズ」（p.64）の1〜6と同様にチョコレートスポンジを作って3等分に切る。

2　デコレーションを準備する。ボウルに生クリームとグラニュー糖、ラム酒小さじ2を入れ、やわらかい角が立つくらいまで泡立て器で泡立てる。バナナは5mm厚さに切り、変色を防ぐためにレモン汁少々（分量外）とラム酒少々を振りかける。

3　6のまん中はとっておき、1枚を皿の上などにのせて上面にはけでシロップを塗り、ホイップクリームの⅓量をパレットなどで平らに塗る。2のバナナの⅓量を並べて軽く押し、クリームを平らにならす。

4　もう1枚を重ねて同様にシロップとホイップクリームを塗り、バナナを並べる。

5　とっておいたまん中のスポンジを最後にのせ、残りのクリームを塗り、中央をあけて残りのバナナを並べる。中央にスプーンで丸く削ったチョコレート（p.75のa）をふわりとのせる。

Column

チョコレートに合う食材

チョコレートはさまざまな食材と好相性。
なかでも相乗効果でおいしさが増すような食材をご紹介しましょう。

■フルーツ

ケーキやムースなどにのせたり、シンプルにとかしたチョコレートをかけたりして楽しみます。バナナは味と香りが強く、脂肪分を含む食材とよく合うので、チョコレートのお菓子にはよく使われるフルーツ。酸味も香りも強いラズベリーは、味の強いチョコレートと合わせても負けることはありません。そのほか、いちご、あんずなどはミルクチョコレートやホワイトチョコレートと組み合わせて。マイルドなチョコスプレッドをつけて食べてもおいしいです。

■しょうが、スパイス

もともとカカオ豆はスパイシーな香りがあるといわれています。カカオ分の多いチョコレートはスパイシーな香りがしますが、リーズナブルなチョコレートにしょうが、シナモン、こしょう、カルダモンなど好きな香りの食材をプラスしてみると、ぐっと高級感が出ます。スパイスはバターを使ったチョコレートの焼き菓子に入れてもしっかり香りが主張するので、少しずつ試して入れてみるといいでしょう。もちろん冷やし固めるタイプのお菓子にも使えます。

■ジャム、マーマレード

ジャムはラズベリーやアプリコットなど酸味が強いものがチョコレートと好相性。マーマレードのビターな風味と柑橘系のさわやかな香りもよく合います。チョコレートの濃厚な味に負けないように、フルーツの味がきちんと感じられるものを選んで。ガトーショコラ、フォンダンショコラ、ブラウニー、ムース、トリュフに合います。ただし粘度があるので、クッキーやショコラフランボワーズのようなものに入れると、サクサク＆ふわふわ食感を損ねてしまうので、使う量には注意が必要です。

■マロン

マロンをペースト状にしてバニラと砂糖を加えたマロンクリームは、フランスではお菓子作りによく使われる食材。そのまま食べても十分においしいですが、ホイップクリームなどに加えて、チョコレート味の焼き菓子に合わせるとリッチな味わいになります。市販のマロングラッセや、製菓材料店で手に入るマロンのシロップ漬けなどを焼き菓子やケーキのトッピングにするのもおすすめ。

■ドライフルーツ

刻んで焼き菓子にまぜ込んだり、テンパリングしたチョコレートといっしょに冷やし固めたり、活用範囲が広いドライフルーツ。どんなチョコレートと合わせてもおいしいのは、オレンジ、レモンなどの柑橘系。レーズン、マンゴーなどもよく使います。クランベリーは色がかわいいのでホワイトチョコレートと合わせるのがおすすめです。いちごやブルーベリーは、ビターなものより、マイルドなホワイトチョコレートやミルクチョコレートに合わせるのがおすすめ。

■ナッツ

チョコレートと、独特のコクがあるヘーゼルナッツはフランスでは人気の高い組み合わせ。アメリカでは香ばしいくるみやピーカンナッツが人気です。ココナッツとカカオ豆は、どちらも暖かい地域で収穫される食材で相性がいいです。また、ホワイトチョコレートとマカダミアナッツはクッキーに使われる定番の組み合わせ。ビスコッティ、グラノーラ、ブラウニーにはどんなナッツも合うので好みのものを使ってください。基本的に生をから焼きして使っています。

■お茶

お茶の風味をチョコレートのお菓子に加えると、口に入れてしばらくしてからふわっとさわやかな香りが広がります。濃く煮出してまぜ込んだり、そのまま茶葉を入れたりします。紅茶なら柑橘系の香りが特徴のアールグレイがおすすめ。ウーロン茶、ジャスミン茶、プーアール茶と合わせてもそれぞれの茶葉の風味が楽しめます。抹茶はホワイトチョコレートと相性抜群。トリュフ、生チョコ、チョコスプレッド、ムースなどにもよく使われます。

■はちみつ

やさしい甘さがチョコレートとよく合うはちみつ。この本ではトリュフとスプレッドなどに使っています。スポンジ生地やフィナンシェ、焼き菓子などを焼くときに少量加えると、しっとりさせる効果があります。

手作りチョコに使える市販のお菓子＆デコアイテム

バタービスケット：オペラ（p.92）に使用。四角いものを選び、クリームなどをはさみながら重ねて使えばケーキのように。コーヒーなどの液体をしみ込ませると、しっとりとした食感になります。

胚芽ビスケット：砕いて、バターとチョコレートをとかし合わせたものをまぜれば、チーズケーキの土台などに。マシュマロチョコ（p.90）に加えるとサクサクした食感を与えることができます。

クリームサンドココアクッキー：砕いて、チョコレートとバナナのメープルレアチーズ（p.74）に使用。ココア生地なのでチョコレート菓子に合います。クリームごと砕いてケーキの土台にも。

マシュマロ：マシュマロチョコ（p.90）に使用。チョコレートとの味の相性もよく、食感の違いも楽しめます。ハート形などかわいい形のものもあるのでプレゼント菓子に。

チョコペン：クッキーなどに絵や文字がかけるチョコペン。お湯などであたためて使用します。カラーバリエーションも豊富なので、アイシングのかわりにしても。

アラザン：デコアイテムの定番、アラザン。色も大きさも豊富な砂糖菓子で、クッキーやケーキなどの焼き菓子にも使います。パラリと振るだけで華やかな雰囲気に。

カラフルチョコ：カラーシュガーでコーティングされたチョコ。カラフルでポップな雰囲気に。長時間焼くと色があせてしまうので注意が必要です。

フレーバーシュガー：ドライストロベリー入りのカラフルなシュガーはデコレーションに使えるだけでなく、見た目がかわいくなるだけでなく、おいしさもアップします。

Chapter 4

おうちで楽しむ
デザート

オーブンから出したばかりの熱々のチョコレートデザートは格別。
また、プルプル & ふわふわのおやつは世界中で愛されている味ばかりです。
ぜひおうちで大切な人と楽しんで。

ボネ

イタリア・ピエモンテの郷土菓子「ボネ」。
ビターなココアと杏仁の香りが大人っぽいデザートです。
アマレッティというビスケットを使って作ると
層ができて楽しい食感に。使わなくてもおいしくできますが、
輸入食材店で購入できたら、ぜひ入れてみてください。

ボネ

材料（18×7×高さ6.5cmのパウンド型1台分）
ココアパウダー … 30g
アマレッティ … 70g
グラニュー糖 … 65g
牛乳 … 350mℓ
卵 … 2個
卵黄 … 2個分

[キャラメル]
グラニュー糖 … 50g
水 … 大さじ2

下準備
・オーブンは140度に予熱する。

1 アマレッティはポリ袋に入れてめん棒ですりつぶすか、フードプロセッサーでこまかく砕く。

2 キャラメルを作る。小なべにグラニュー糖と水を入れて中火にかけ、濃いキャラメル色になったら火からおろし、型に流し入れる。

5 といた卵と卵黄を加え、よくまぜる。

6 ざるでこす。

memo

アマレッティ

香りのもとは、あんずの種の
リキュール「アマレット」。メ
レンゲ菓子なのでサクサク。
なければアマレット大さじ1
で代用可能。

3　ボウルにココアとグラニュー糖を入れ
　　て泡立て器でまぜる。

4　沸騰直前まであたためた牛乳を少し
　　ずつ加え、よくまぜる。

7　1を加え、さらにまぜて2の型に流し
　　入れる。

8　バットにキッチンペーパーを敷いて型
　　をおき、深さ1cmほどの湯を注ぎ、
　　予熱したオーブンで30～40分蒸し
　　焼きにする。竹ぐしを刺して何もつい
　　てこなければ完成。型に沿ってナイフ
　　を入れ、上下を返してとり出す。

チョコレートとバナナのメープルレアチーズ

バナナはよく熟れたものを使うと
なめらかに仕上がります。
プラスチックカップに入れればプレゼントにもできますよ。

▌冷蔵室で保存。当日中に食べるのがおすすめ。

材料（4人分）

チョコレート（板チョコレートでも OK）… 40g
クリームサンドココアクッキー … 40g
粉ゼラチン … 小さじ1（3g）
メープルシロップ … 大さじ3 ½
クリームチーズ … 100g
生クリーム … 100mℓ
グラニュー糖 … 大さじ1
バナナ … 1本
ピスタチオ（あれば。刻む）… 適量

下準備

・チョコレートは少量をスプーンを使って飾り用に
丸く削り（a）、残りはこまかく刻む。
・クリームチーズは耐熱容器に入れ、電子レンジで
30秒加熱してやわらかくする。
・ゼラチンは水小さじ2（分量外）に振り入れてふや
かしておく。
・生クリームにグラニュー糖を加え、七分立て（泡立
て器を持ち上げてクリームの角がおじぎをする程
度）にし、冷蔵室で冷やしておく。

作り方

1 刻んだチョコレートを耐熱容器に入れ、ラップを
かけて30秒加熱し、よくまぜてとかす（多少固形
のところが残っていても OK。あまりにとけにく
ければ追加で10秒ずつ加熱する）。

2 クリームサンドクッキーをあらく砕いて加え、
ざっとまぜ、4等分してグラスに入れる。

3 メープルシロップを耐熱容器に入れてラップを
かけ、電子レンジで30秒ほどあたためる。ふや
かしたゼラチンを加えてまぜとかす。

4 3をクリームチーズに加え、なめらかになるまで
泡立て器でよくまぜる。まざりきらなかったら
電子レンジで10秒ずつ追加加熱する。

5 バナナの半量を加え、泡立て器でよくつぶしなが
らまぜる。

6 あら熱がとれたら、冷やしておいた生クリームを
加えてさっくりとまぜ、2のグラスに入れ、ラッ
プをかけて冷蔵室で冷やす。輪切りにした残り
のバナナと、あればピスタチオを散らして削った
チョコレートを飾る。

a_ チョコレートを削るとき
は計量スプーン（大さじ）の
ようにカーブがしっかりある
ものを使うと、クルンと丸み
が出てかわいい。

ホワイトチョコのパンナコッタ

ホワイトチョコレートを使った濃厚なパンナコッタ。
ヨーグルトを合わせるとあと味が軽やかに。
酸味の効いた2種のフルーツソースを添えました。

▌ 冷蔵室で保存。翌日までに食べるのがおすすめ。

材料(50mℓ の容器2個分)
ホワイトチョコレート(こまかく刻む)… 45g
生クリーム … 75mℓ
牛乳 … 75mℓ
グラニュー糖 … 小さじ2
粉ゼラチン … 小さじ⅔(2g)
プレーンヨーグルト … 大さじ1½

［マンゴーライムソース］
マンゴー … ½個
グラニュー糖 … 大さじ1
ライム果汁 … 小さじ½

ライムの皮 … 少々

［ラズベリーソース］
冷凍ラズベリー … 20g
グラニュー糖 … 小さじ1
ライム果汁 … 小さじ½

下準備
・ゼラチンは水大さじ1(分量外)に振り入れてふや
　かしておく。

作り方

1　耐熱ボウルに生クリームを入れ、ラップをかけず
　　に電子レンジで約40秒加熱する(沸騰直前まで)。
　　ホワイトチョコレートを加え、とけてきたらゴム
　　べらで軽くまぜる。とけきらない場合は、10秒
　　ずつ追加加熱し、まぜてとかす。または、小なべ
　　に移し、沸騰直前まであたためる。

2　別の耐熱ボウルに牛乳、グラニュー糖を入れ、
　　ラップをかけずに電子レンジで30～40秒加熱し、
　　ふやかしたゼラチンを加えてゴムべらなどでま
　　ぜてとかす。

3　あたたかいうちに1とまぜ、ヨーグルトを加えて
　　ゴムべらでよくまぜる。ボウルの底を氷水に当て、
　　冷えてややとろみがついてきたら(a) 容器に等
　　分に流し入れ、ラップをかけて冷蔵室で1時間以
　　上冷やす。

4　ソースを作る。マンゴーライムはマンゴーを一
　　口大に切り、残りの材料といっしょにボウルに入
　　れ、ゴムべらなどでまぜ合わせる。ラズベリーは
　　材料をすべて耐熱ボウルに入れ、ラップをかけず
　　に電子レンジで約1分加熱し、軽くまぜ、あら熱
　　をとる。

5　3にマンゴーライムソースまたはラズベリーソー
　　スをかける。マンゴーライムソースには細切り
　　にしたライムの皮を飾る。

a_ ゴムべらを動かして跡が
つくくらいに冷やす。とろみ
がついてから型に入れない
と、ホワイトチョコレートの
油分が沈んでしまう。

クレームブリュレ・オ・ショコラ

なめらかでクリーミーなこっくりチョコクリーム。
表面のキャラメリゼはバーナーがなくても
オーブントースターなどでできます。

▌冷蔵室で保存。当日中に食べるのがおすすめ。

材料（120mℓ の耐熱容器2個分）
チョコレート（こまかく刻む）… 50g
生クリーム … 50mℓ
牛乳 … 100mℓ
卵黄 … 1個分
グラニュー糖 … 適量

作り方

1 耐熱ボウルに生クリームを入れ、ラップをかけずに電子レンジで約30秒加熱し（沸騰直前まで）、チョコレートを加え、とけてきたらゴムべらで軽くまぜる。

2 別の耐熱ボウルに牛乳を入れ、ラップをかけずに電子レンジで40秒～1分加熱し（沸騰直前まで）、1に少しずつ加えてそのつどゴムべらでまぜる。

3 卵黄を加え、泡立て器でムラなくまぜ、耐熱容器に等分に流し入れ、オーブンペーパーを敷いたフライパンに並べて湯を張り、ふたをして弱めの中火（ふつふつと煮立つ程度）で25分蒸す(a)。

4 さわれるくらいになったらとり出し、グラニュー糖を振り、バーナー、魚焼きグリル（上火のみ）、オーブントースターなどで表面に焦げ目がつくまで焼く。ラップをかけ、冷蔵室に入れ、全体が冷えたら食べごろ。

a_ 蒸したときに容器が揺れて湯が入らないように、底にオーブンペーパーを敷く。また、蒸気が落ちて水が入らないように、ふたはふきんでおおう。

フォンダンショコラ

とろりととけた熱々をいただく幸せなデザート。
小麦粉を入れていないので、表面はサクッと、中は口どけなめらかです。
ビターなチョコレートの味を堪能してください。
グリオットのかわりに、p.20〜21のコンポートはどれも合います。

▌焼きたてがおいしい。当日中に食べるのがおすすめ。

材料（120〜150mℓの耐熱容器4個分）
チョコレート（ビター。刻む）… 100g
バター … 100g
卵 … 2個
グラニュー糖 … 大さじ4
グリオット … 8個
＊グリオットはチェリーのキルシュ漬けのこと。
手に入らない場合は、ダークチェリーの缶詰などを使っても。

下準備
・オーブンは180度に予熱する。

作り方

1 バターは2〜3cm角に切る。ボウルにバターとチョコレートを入れ、湯煎にかけてゴムべらでまぜてとかし、あら熱をとる。

2 別のボウルに卵、グラニュー糖を入れて泡立て器でもったりするまで泡立て、1を加えてよくまぜる。

3 耐熱容器に2を等分に流し入れてグリオットをまん中に2個ずつ押し込み、天板にのせ(a)、予熱したオーブンで10分焼く。まん中がふっくらとふくらんできたら焼き上がり。

a_ 容器のまま天板にのせて焼く。このまま表面にラップをかけて冷凍保存も可能。その場合、冷凍したまま焼き、焼き時間を2〜3分長くするとよい。

ミントチョコのムース

ふわふわのムースは口に入れるとシュワッととけて
ミントの香りがほのかに広がります。甘さはミニマム。チョコレートの味を楽しんで。
ミントは、しょうがやカルダモンなどのスパイス、好みのお茶にかえても。

▌ 冷蔵室で保存。当日中に食べるのがおすすめ。

材料(100mℓの容器4個分)
チョコレート(刻む)… 50g
生クリーム … 40mℓ
ミントの葉(刻む)… 大さじ1
バター… 15g
卵 … 2個
グラニュー糖 … 大さじ1

[飾り用]
生クリーム … 100mℓ
ミントリキュール(あれば)… 小さじ2
ミントの葉 … 適量

下準備
・卵は卵黄と卵白に分ける。

作り方

1 耐熱ボウルに生クリームとミントの葉を入れ、
ラップをかけて電子レンジで20秒加熱し、ラッ
プをかけたままで冷めるまで蒸らし、茶こしなど
でこす。

2 ボウルにチョコレート、1、バターを入れ、湯煎に
かけてとかし、ゴムべらなどで軽くまぜ、あら熱
をとる。

3 卵黄を加え、なじむまで泡立て器でしっかりとま
ぜる。途中で分離してもまぜ続ければ、なじむ。

4 別のボウルに卵白を入れ、泡立て器で白っぽくな
るまで泡立ててグラニュー糖を少しずつ加え、角
がピンと立つまで泡立てる。

5 3に4を加え、ゴムべらで泡をつぶさないように
さっくりと切るようにまぜる(a)。容器に等分に
流し入れ、ラップをかけて冷蔵室で1時間以上冷
やす。

6 ボウルに飾り用の生クリームとミントリキュール
を入れ、七分立て(泡立て器を持ち上げてクリー
ムの角がおじぎをする程度)にする。5に等分に
のせ、ミントの葉を飾る。

a_ ムースのふわふわ感を作
り出すのがメレンゲの泡。ボ
ウルを回しながらメレンゲ
の白が見えなくなるまでま
ぜる。

Chapter 5

身近な材料で作る
簡単お菓子

思い立ったら作り始められる、とっても簡単なお菓子。
コンビニエンスストアで買える材料も多く、
子どもたちといっしょにお菓子作りを楽しんでみては？

ラムボール

私が小さいころに父にプレゼントした初めてのお菓子です。
チョコは板チョコでOK、市販のカステラを使うから手軽、
でも、お酒が効いていて大人の味。
口に入れるとしっとり、風味豊かで幸せな気分になれます。

▊ 2〜3日以内に食べるのがおすすめ。

材料（10〜12個分）
板チョコレート（こまかく刻む。a）… 50g
カステラ … 100g
A｜ アーモンドパウダー … 30g
　｜ オレンジマーマレード … 大さじ1
　｜ ラムレーズン（湯通ししたレーズンを
　｜　 ラム酒に一晩以上つけたもの）… 30g
　｜ ラム酒（レーズンをつけたもの）… 大さじ2
　｜ 生クリーム … 大さじ2（またはバター大さじ1）
ココアパウダー … 適量

a_ 包丁の柄を持ち、反対の
手で背の先のほうを押さえ、
体重をかけるようにすると
切りやすい。5mm幅程度で
OK。

作り方

1　カステラは手でくずしてそぼろ状にし、ボウルに
　入れ、チョコレートとAを加えて手でよくまぜ、
　直径3cmほどのボール状に丸める。

2　バットなどにココアを入れ、1を加えて全体にま
　ぶしてから5〜10分おいてなじませ、さらにもう
　一度まぶす（b）。

b_ ココアは一度まぶしただ
けだと、しけてベタッとして
しまうので、二度づけして
ふんわり感を出すと、仕上
がりがきれい。

チョコラスク

板チョコ、バゲット、牛乳がリッチなおやつに。
食べ残したバゲットで十分。気泡が大きく、乾いたパンのほうが
カリッと仕上がります。好きな型でかわいく抜いても、そのままでも。

▊ 密閉容器に乾燥剤を入れて、約2週間はおいしく食べられる。

材料（7枚分）
板チョコレート … 50g
バゲット … ¼本（約6cm）
牛乳 … 70ml
グラニュー糖（好みで）… 適量

下準備
・天板にオーブンペーパーを敷き込む。
・オーブンは120度に予熱する。

作り方

1 バゲットは7〜8mm厚さに切ってハート形の型
　 などで抜き、天板に並べ、予熱したオーブンで約
　 15分焼く。型抜きしたあとの半端なバゲットは、
　 小さめに切って天板のあいたところにのせて
　 いっしょに焼き、クルトンにしても。

2 耐熱ボウルに牛乳を入れ、ラップをかけずに電子
　 レンジで約40秒加熱し（沸騰直前まで）、チョコ
　 レートを割って加え（a）、ゴムべらでよくまぜる。
　 チョコレートと牛乳がなじむように、さらに電子
　 レンジで20秒加熱してまぜる。オーブンは150
　 度に予熱し直す。

3 バゲットを2のボウルに3分ほどしっかりひたす。
　 汁けを軽くきって天板に並べ、予熱したオーブン
　 で約20分焼く。いったんとり出して上下を返す。
　 好みでボウルなどに入れたグラニュー糖の中に
　 さっと入れ、部分的にまぶす。さらに10分焼い
　 てとり出し、そのまま天板の上で表面が乾くまで
　 冷ます。

a_ 板チョコレートは写真く
らいの大きさに割って加え
る。とけきらなかったら、ボ
ウルの底をさっと湯につけ
るとよい。

チョコレートパイ

冷凍パイシートをハート形に抜いてキュートに。
焼きたては中の板チョコがとろりとやわらかくとけ出します。
洋梨のかわりにスライスバナナを入れるのもおすすめです。

▌2日ほど日もちするが、焼きたてがおいしい。

材料（10×10cmのハート形2個分）
板チョコレート … 50g
冷凍パイシート（20cm角）… 1枚
洋梨（缶詰）… 40g
卵黄 … 1個分

下準備
・天板にオーブンペーパーを敷き込む。
・オーブンは200度に予熱する。

作り方

1 薄力粉（分量外）をふるった台の上に冷凍パイ
シートをのせ、めん棒などで軽くのばし、ハート
形の型で4枚に抜く。2枚をめん棒でさらに少し
大きくのばす。

2 チョコレートを適当な大きさに割り、1の小さい
ほうの1枚の上に、縁を残して半量をのせる。
1.5cm角程度に切るか丸くくりぬいた洋梨の半
量も同様にのせる。

3 2の縁に卵黄少々を塗り、1の大きいほうの1枚
をかぶせ（a）、2枚がきっちりとくっつくように指
で押さえる。同様にもう1組作る。

4 表面を数カ所フォークで刺し、残りの卵黄をはけ
で塗り、天板に並べ、予熱したオーブンで約15分、
表面がふくらんできつね色になるまで焼く。

a_2枚をくっつける部分を
残し、チョコレートと洋梨は
中央にこんもりとのせて。大
きくのばした生地を下の小
さい生地にかぶせて包み込
む。

マシュマロチョコ

口どけのよいチョコレートにマシュマロとナッツ。
3つの異なる食感のハーモニーが魅力のお菓子です。
ハート形ではないマシュマロを使ってもかまいません。

▌ 冷蔵室で3〜4日。

材料（9.5×4.5×高さ3.5cmのミニパウンド紙型2個分）
チョコレート（刻む）… 150g
生クリーム … 大さじ3
くるみなど好みのナッツ（刻む）… 20g
マシュマロ（ハート形のもの）… 20g

作り方

1　耐熱ボウルに生クリームを入れ、ラップをかけず
　　に電子レンジで約30秒加熱し（沸騰直前まで）、
　　チョコレートを加え、とけてきたらゴムべらで軽
　　くまぜる。とけにくければ、ボウルの底を湯につ
　　けてまぜる。

2　ナッツを加えてまぜ、型の¼の深さまで流し入
　　れる。マシュマロの半量を逆さにして突き刺す
　　ように立てて入れる（a）。

3　残りのチョコレートを型の縁まで流し入れ、表面
　　をゴムべらなどで平らにならす。同様にもう1個
　　作り、ラップをかけて冷蔵室に1時間ほど入れて
　　冷やし固める。型からはずし、1.5cm厚さに切る。

a_ 切るときに台形の長い底
辺側を下にしたいので、ハー
ト形を逆さにする。一般的
な形のマシュマロなら生地
にまぜ込んでも。

オペラ

チョコレートとコーヒーの味の組み合わせが絶妙な
大人味のケーキを手軽に。ここでは市販のお菓子を使ってアレンジしました。
簡単なのに味は本格派なので、贈り物にもぴったりです。

▌冷蔵室で2〜3日。

材料（3個分）
［ガナッシュ］
チョコレート（こまかく刻む）… 50g
生クリーム … 50mℓ

［バタークリーム］
バター … 25g
粉糖 … 小さじ2
ラム酒 … 小さじ1

四角いバタービスケット … 9枚
エスプレッソ（またはインスタントコーヒーを濃いめ
　にいれたもの）… 60mℓ
アーモンドダイス（あれば）… 適量
金箔（あれば）… 適量

下準備
・バターは室温にもどす。

作り方

1　バットに人肌に冷ましたエスプレッソを入れ、バ
　タービスケットをひたす。

2　ガナッシュを作る。耐熱ボウルに生クリームを
　入れ、ラップをかけずに電子レンジで20〜30秒
　加熱し（沸騰直前まで）、チョコレートを加え、と
　けてきたら軽くまぜる（a）。とけにくければボウ
　ルの底を湯につけてまぜる。

3　バタークリームを作る。ボウルにバターを入れ、
　粉糖とラム酒を加え、ゴムべらでしっかりとまぜ
　る。

4　1のビスケットを3枚1組にする。小さめの平ら
　な皿の上に1枚目のビスケットをおき、2を塗り、
　2枚目のビスケットを重ねて3を塗り、3枚目の
　ビスケットをのせる。同様にもう2組作る。

5　上から残りの2をかけ（b）、あればアーモンドダ
　イスを縁につけ、上に金箔をのせる。ラップをか
　けずに冷蔵室で1時間以上冷やしてなじんでか
　らが食べごろ。

a_ 生クリームにチョコレー
トをとかしたものがガナッ
シュ。早くまぜると分離しや
すい。分離したら少量の生
クリームを足して。

b_ 皿に網などをのせ、その
上でガナッシュがけを。側
面に流れるまでかけたら、ス
プーンなどで表面をととの
える。

チョコレートのお菓子をはじめとした
お菓子作りによく使われる基本の材料をご紹介します。

■ 小麦粉

この本では、小麦粉は薄力粉を使用しています。種類は問いませんが、サブレなど、サクサクしたお菓子を作るときは「エクリチュール」（写真）がおすすめです。ダマをなくし、空気を含ませるために、基本的にふるって使います。

■ 卵

この本ではM玉（約50g）を使っています。ほかの材料をなじませるため、室温にもどして使うのがおすすめです。

■ バター

食塩不使用のものを使います。室温でほかの材料とまぜる場合は、指で押して指が入るくらいのかたさにしておくこと。ただし、レシピによっては冷やしたほうがよいものもあるので、よく確認しましょう。

■ 牛乳、生クリーム

ともにチョコレートをとかすため、よく使います。チョコレートと合わせる場合、生クリームは必ず動物性脂肪で、乳脂肪分は35％前後のものが分離しにくくておすすめ。ホイップクリームなどには、45％前後の濃厚な生クリームを使っても。

■ 砂糖

この本の多くのレシピでは、グラニュー糖を使用しています。すっきりとした甘さでチョコレートの風味をじゃましません。粉糖は使うと、軽い口当たりになるのが特徴。焼き菓子のデコレーションにも使います。ブラウンシュガー、きび砂糖は独特のコクを生かして焼き菓子などに使用します。

■ ベーキングパウダー、ベーキングソーダ

両方とも焼き菓子をふくらませるための材料ですが、ベーキングソーダのほうが横に広がるように大きく膨張し、香ばしく、色濃く仕上がります。どちらかしか持っていない場合は、持っているほうで代用してもかまいません。

■ アーモンドパウダー、ココアパウダー

アーモンドパウダー（アーモンドプードル）はアーモンドを粉にしたもの。焼き菓子に入れると風味とコクが増します。ココアパウダーは生地に入れたり、まわりにまぶしたり、チョコレートのお菓子には欠かせない材料。無糖のものを使います。

■ 洋酒、バニラビーンズ

お菓子の香りや風味をよくする洋酒と香料。ラム酒はサトウキビを原料とした甘い香りの蒸留酒。グランマルニエはオレンジのリキュール。チョコレートと相性抜群です。バニラビーンズはさやをしごいて中の種を出して使います。バニラエッセンスとは香りが格段に違うので、おすすめです。

今回のレシピで使用したおもな道具がこちら。
お菓子作りには欠かせないものばかりなので、ぜひそろえてみましょう。

■ ボウル

生地をまぜたりするときに使うボウルは大きめのものがあると便利。素材はステンレス製がおすすめです。熱伝導性が高いので、湯煎にかけたり、氷水で冷やしたりするときに早く作業が進みます。また、電子レンジを使う場合は耐熱ボウルも必要です。

■ 粉ふるい

粉類を使うとき、ダマをなくし、空気を含ませるため、ふるいにかけます。ざるを使ってもいいでしょう。デコレーションのために粉糖やココアパウダーをお菓子の表面に振るときは小回りがきく茶こしを使いましょう。

■ 計量ツール

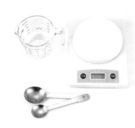

計量をきっちりするのがお菓子作りの鉄則。はかりは1g単位までわかるデジタル式のものを使うと正確です。計量カップは目盛りがこまかいものを。耐熱のものなら電子レンジにもかけられて便利。計量スプーンは大さじ（15mℓ）と小さじ（5mℓ）を用意。

■ ゴムべら、カード

粘度のあるチョコレート生地をムダなく扱うときには、シリコン製のゴムべら、カードがあるととても便利です。また、ゴムべらは生地を粘らせずにさっくり、大きくまぜるときに欠かせません。

■ 泡立て器

生地をまぜるとき、卵や生クリームを泡立てるときに使用。かたく泡立てるときなど、電動式のハンドミキサーがあると作業がぐんと早くなります。ハンドミキサーを使うとキメがふぞろいになりがちなので、最後は泡立て器でととのえるひと手間を。

■ ラップ、オーブンペーパー

オーブンペーパーは焼き菓子を焼く際、焼き上がりにはがしやすくするために天板や型に敷き込みます。また、冷やし固めるチョコレート菓子が道具にくっつかないようにするためにも使用します。ラップは生地を扱うときにはさんだりおおったりするときに使います。

■ 型

この本では紙のミニパウンド型、15cm角型・丸型、18cmパウンド型などを使用。焼き菓子を作るとき、金属製の型の場合は、生地がくっつかないようにオーブンペーパーを敷き込んだり、粉を振ったりして下準備をします。シリコン製の型の場合は必要ありません。

■ ケーキクーラー

焼き上がったケーキをのせ、下からも空気に当てて冷ますために使います。チョコレートを塗って仕上げる際などにも、下に余分なチョコレートが落ちるので便利です。

若山曜子

東京外国語大学フランス語学科卒業後、パリのル・コルドン・ブルー、エコール・フェランディに留学。パティシエ、ショコラティエなどのフランス国家資格（CAP）を取得後、パティスリー、レストランで経験を積み帰国。現在は料理雑誌やテレビで活躍するほか、オンライン料理教室も主宰。近著に『おうちパンはこれでいい』（KADOKAWA）、『溶かしバターで作るワンボウルのお菓子』（主婦と生活社）ほか多数。
www.tavechao.com

新装版
かわいいチョコレートのお菓子

2024年1月20日　第1刷発行
2024年2月29日　第2刷発行

著　者　若山曜子
発行者　平野健一
発行所　株式会社主婦の友社
　　　　〒141-0021
　　　　東京都品川区上大崎3-1-1　目黒セントラルスクエア
　　　　電話 03-5280-7537（内容・不良品等のお問い合わせ）
　　　　　　　049-259-1236（販売）
印刷所　大日本印刷株式会社
© Yoko Wakayama 2023　Printed in Japan
ISBN978-4-07-455901-5

Staff
撮影　公文美和
ブックデザイン　福間優子
スタイリング　伊東朋恵
調理助手　菅田香澄、小菅千恵、竹岸かおり
構成・文　北條芽以
編集アシスタント　川名優花
編集担当　澤藤さやか（主婦の友社）

撮影協力　UTUWA

■本のご注文は、お近くの書店または主婦の友社コールセンター（電話：0120-916-892）まで。
＊お問い合わせ受付時間　月〜金（祝日を除く）10：00〜16：00
＊個人のお客さまからのよくある質問のご案内
https://shufunotomo.co.jp/faq

本書は2012年に刊行された『板チョコ1枚から作る かわいいチョコレートのお菓子』の新装版です。内容に新規撮影分を加えて本の大きさ、構成、デザインを一新し、すべてのレシピを作りやすく見直しました。あらかじめご了承ください。